BEI GRIN MACHT SICH IHR WISSEN BEZAHLT

- Wir veröffentlichen Ihre Hausarbeit,
  Bachelor- und Masterarbeit

- Ihr eigenes eBook und Buch -
  weltweit in allen wichtigen Shops

- Verdienen Sie an jedem Verkauf

Jetzt bei www.GRIN.com hochladen und kostenlos publizieren

Bibliografische Information der Deutschen Nationalbibliothek:

Die Deutsche Bibliothek verzeichnet diese Publikation in der Deutschen National-bibliografie; detaillierte bibliografische Daten sind im Internet über http://dnb.d-nb.de/ abrufbar.

Impressum:

Copyright © 1999 GRIN Verlag
Druck und Bindung: Books on Demand GmbH, Norderstedt Germany
ISBN: 9783638627177

Dieses Buch bei GRIN:

https://www.grin.com/document/190

Patrick Hammer

Rezension zu: Schönbach, Klaus - Zeitungen in den Neunzigern: Faktoren ihres Erfolgs

350 Tageszeitungen auf dem Prüfstand

GRIN Verlag

GRIN - Your knowledge has value

Der GRIN Verlag publiziert seit 1998 wissenschaftliche Arbeiten von Studenten, Hochschullehrern und anderen Akademikern als eBook und gedrucktes Buch. Die Verlagswebsite www.grin.com ist die ideale Plattform zur Veröffentlichung von Hausarbeiten, Abschlussarbeiten, wissenschaftlichen Aufsätzen, Dissertationen und Fachbüchern.

Besuchen Sie uns im Internet:

http://www.grin.com/

http://www.facebook.com/grincom

http://www.twitter.com/grin_com

LMU München
Institut für Kommunikationswissenschaft
Autor: Patrick Hammer
Matr. Nr.

<u>Rezension:</u>

Klaus Schönbach –

Zeitungen in den Neunzigern:

Faktoren ihres Erfolgs

350 Tageszeitungen auf dem Prüfstand

Klaus Schönbach wurde vom Bundesverband Deutscher Zeitungsverleger und der Stifterverei-
nigung der Presse mit einer Grundlagenuntersuchung beauftragt, die prüfen sollte, was Verlage
unternehmen, um Leser an eine Tageszeitung zu binden oder neue zu gewinnen. In dieser Studie ermittelte er, welche Erfolgsfaktoren es gibt, um Auflage und Reichweite zu steigern: Lokal-
berichterstattung, Serviceangebote, Bebilderung, Höhe des Bezugspreises etc. – welche Maßnahmen lohnen, welche nicht? In Schönbach's Buch „Zeitungen in den Neunzigern: Faktoren
Ihres Erfolgs" geht es aber auch um die Zukunft der Tageszeitung - die Sicherung ihrer Stellung
am Medienmarkt. Momentan hat die Tageszeitung in Deutschland zwar noch eine hohe Ge-
samtauflage, bei den Lesern einen hohen Stellenwert und ein beträchtliches Anzeigenaufkom-
men, jedoch büßt sie zunehmend an Bedeutung ein: die Tageszeitung verliert immer mehr Leser[1], gerade bei der Jugend[2]. Ebenso stagniert der Anteil für das Zeitungslesen am ständig
wachsenden Zeitbudget für Medienkonsum bei ca. 1,5 Stunden pro Woche. Die Veränderung
der Gesellschaft (mehr Single-Haushalte, zunehmende Mobilität / geringere Ortsbindung, etc.)
stellt auch eine Gefahr für die „Gewohnheit des Zeitungslesens" dar. Gegenmaßnahmen wie
gezieltes Marketing (Leser-Werben-Leser, Werbung in anderen Medien, Event-Sponsoring),
Publikumsforschung und Schliffe an Inhalten und Erscheinungsbild wurden ausgedehnt.
Schönbach führt zwei Hauptstrategien zur Attraktivitätserhöhung von Zeitungen an:
1. die Angleichung an andere derzeit erfolgreiche Medien, wie Zeitschriften und Fernsehen und
2. die Kontrastierung zu anderen Medien, d.h. die Herausstellung der Vorteile der Tageszeitung
gegenüber anderen Medien: also z.B. Disponibilität, Tagesaktualität, Transportierbarkeit, Ästhetik des Schriftlichen, etc. Die Tageszeitung erfährt aber auch hinsichtlich dieser Vorzüge eine
zunehmende Konkurrenz von anderen Medien. Natürlich könnte man einige der Vorteile radikal
vermarkten – also z.B. den Lokal- bzw. Regionalteil und die Hintergrundberichterstattung zunehmend stärken und die Unterhaltung gänzlich dem Fernsehen überlassen. Als dritte Möglich-
keit könnte die Zeitung aber auch eine „Insel des Universellen" zwischen all den Special-
Interest-Angeboten bleiben – also ihrem traditionell vielfältigem Angebot einfach die Treue hal-
ten.
Schönbachs Explorationsstudie soll klären, welche Alternative die beste ist: 350 Ausgaben[3]
westdeutscher Abonnementzeitungen wurden genauestens analysiert – auf eine gleichmäßige
Verteilung der Stichproben wurde Wert gelegt. Es wurde untersucht, welche Maßnahmen die
Verlage Ende der 80er Jahre unternommen hatten, um ihre Zeitungen für die Leser attraktiv zu
machen. Dann wurde von 1989 bis 1994 die Entwicklung des inhaltlichen Angebots, der formalen Aufmachung und der Marketingmaßnahmen im Hinblick auf den Markterfolg überprüft. Alle
350 Ausgaben wurden 1989 und 1994 jeweils eine Woche lang gründlich analysiert, besonde-
ren Wert gelegt wurde auf: Vielfalt, Bandbreite von Informationen, Dimensionen von Hinter-

---

[1] 1985: 84% aller Personen über 14; 1995 nur noch 81%
[2] bei den 14-19 jährigen fiel die durchschnittliche Reichweite von 1985 bis 1995 um 13% - von 73% auf 60%
[3] Das entspricht 31% der Grundgesamtheit (insgesamt 1130 redaktionelle Ausgaben)

grund und Erklärung, Serviceangebote, Unterhaltungswert, Emotionalität und persönliches Eingehen auf die Leserschaft. Auch die journalistische Qualität der Zeitungen wurde beachtet. Hinsichtlich des formalen Erscheinungsbildes der Zeitungen wurde besonders auf Ordnung, Gliederung, Visualität, Lesbarkeit und Ästhetik Rücksicht genommen. Zudem wurden die Verlage zu ihren Marketingaktivitäten befragt.

Beim inhaltlichen Angebot waren vielfältige Entwicklungen zu verzeichnen: Zeitungen waren 1994 umfangreicher geworden (durchschnittlich 3 Seiten mehr[4]). Auch Sonderseiten, mit beispielsweise beruflichen, medizinischen oder umweltlichen Themen, hatten an Umfang gewonnen. Keine nennenswerte Veränderung war am Format festzustellen. Insgesamt war ein starker Anstieg der thematischen Vielfalt zu verzeichnen[5]. Auch konnte man einen Zuwachs an Erklärung und Hintergrundberichterstattung erkennen: die Artikel nahmen an Länge zu[6], Kommentare und Schaubilder wurden häufiger. Ebenso hatte die Service-Orientierung ein wenig zugenommen: es gab 1994 mehr Ratgeber-Artikel und Service-bezogene Rubriken wie Fernsehprogramm, Veranstaltungshinweise und individuelle Dienstleistungen wie ein Expertentelefon. In den untersuchten Tageszeitungen war auch ein deutlicher Trend zu mehr Lokalbewusstsein festzustellen. Besonders der Lokalteil konnte Zuwachs verzeichnen (von 6 auf 7 Seiten), die eigenen Seiten im Lokalteil dehnten sich um 0,9 Seiten aus. Auch wurde 1994 viel häufiger schon auf der Titelseite auf den Lokalteil hingewiesen[7].

Unterhaltsames hatte insgesamt keinen höheren Stellenwert erhalten. Gefühle wurden 1994 etwas öfter angesprochen, vor allem in den Überschriften[8]. 1994 wurden zudem mehr Leserbriefe[9] und von Lesern verfasste Artikel abgedruckt als 1989. Angebote wie „Wir helfen unseren Lesern" und Gewinnspiele nahmen allerdings ab.

Im formalen Erscheinungsbild der Tageszeitungen gab es ebenfalls Änderungen: Insgesamt sind die Zeitungen im untersuchten Zeitraum übersichtlicher und geordneter geworden - es gab z.B. mehr und umfassendere Inhaltsverzeichnisse[10], die Anzahl der Rubriken nahm zu, das Fernsehprogramm und andere Rubriken wurden 1994 insgesamt geordneter dargeboten. Im Layout der Zeitungen konnte man auch eine Entwicklung hin zur Ordnung und Gliederung feststellen. Zudem schlugen die Zeitungen im Untersuchungszeitraum einen Kurs in Richtung mehr Visualität ein: mehr Bilder[11] (vor allem im Lokalteil) und mehr Farbe wurden 1994 verwendet. Auch wurde das Layout „luftiger": der Zeilenabstand und die Ränder vergrößerten sich und vereinfachte Überschriftenapparate mit nur einer Headline kamen 1994 häufiger vor. Insgesamt sind Überschriften größer, Zeitungen insgesamt etwas besser lesbar geworden. Die Seriosität

---

[4] 1989: durchschnittlich 35 Seiten, 1994: 38 Seiten
[5] Zahl der verschiedenen Themen im Lokalteil: 1989: 9,5 / 1994: 11,1 – im Nachrichtenteil: 1989: 15,5 / 1994: 17,3
[6] Zahl der Artikel mit 4 oder mehr Spalten: 1989: 6,0 / 1994: 8,6
[7] 1989: 49 Zeitungen / 1994: 73 Zeitungen
[8] Auf Titelseite und Lokalseite: 1989: 12,5 gefühlsbetonte Überschriften / 1994: 13,8
[9] 1989: 2,5 Leserbriefe / 1994: 2,9 Leserbriefe
[10] 1989: 5,0 Meldungen, Notizen und Schlagzeilen im Inhaltsverzeichnis auf der Titelseite / 1994: 5,8
[11] Titelseite: 1989: 2,4 Bilder / 1994: 2,6; Politik-/Nachrichtenteil: 1989: 4,9 Bilder / 1994: 6,9; Lokalteil: 1989: 14,6 Bilder / 1994: 18,6

des Layouts nahm zu (gemessen an wechselnden Farben und Schriftarten, vermeintlich zufälliger Flächenaufteilung etc.) und die Dynamik büßte ein.

In der Befragung der Verlage zum Lesermarketing fand Schönbach heraus, das 10,1 von insgesamt 13 Werbemaßnahmen zumindest gelegentlich angewandt wurden, 6,7 sogar dauerhaft. Vier Marketingmaßnahmen wurde von den Verlagen einhellig eine besondere Bedeutung zugemessen[12]: Probebezug, „Leser-Werben-Leser"-Aktionen, Leserreisen und Merchandising (z.B. verbilligte Sonderausgaben von Büchern). Bei mehr als 70% der 300 Ausgaben der Stichprobe wurden diese Maßnahmen eingesetzt. 34 % aller Zeitungen warben im Untersuchungszeitraum *nie* in einem anderen Medium. 26 % änderten ihr redaktionelles Konzept „wesentlich", 38% sprachen von einer Renovierung des Layouts. Die Ziele der Werbung waren vorrangig eine Image- und Namensstärkung bzw. –bekanntmachung, hierfür wurde meistens in anderen Medien geworben. Als erfolgreichster Werbeträger wurde von den Verlagen das Direktmarketing (Mailings, Telefonwerbung, etc.) eingeschätzt (48%), gefolgt von Werbung in anderen Zeitungen/Zeitschriften (34%) und Hörfunk (32%), außerdem Promotion-Aktivitäten (20%).

Im Untersuchungszeitraum stiegen die Preise für Einzelausgaben[13] und Abonnements[14]. 42% gaben Studenten Ermäßigungen für Abonnements, 71% ermöglichten ein Abonnement für einzelne Tage.

Wie wirkten sich die Marketingmaßnahmen und anderen Entwicklungen nun auf den Markterfolg der Zeitungen aus? Gemessen wurde dies an der verkauften Auflage laut IVW und der Reichweite in bezug auf den „Weitesten Leserkreis" (WLK)[15] und den „Leser pro Ausgabe" (LpA)[16]. Die Reichweite basierte auf den Erhebungen der Media Analyse für die einzelnen Verbreitungsgebiete einer Zeitungsausgabe. Auch die Rahmenbedingungen im einzelnen Verbreitungsgebiet[17] wurden in die Analysen mit einbezogen und durch ein aufwendiges Verfahren[18] ausgewertet. Im Durchschnitt wurden 1989 von jeder Ausgabe 27200 Exemplare verkauft, 1994 27100 Exemplare. Die Rahmenbedingungen waren etwas wichtiger für die Veränderung der verkauften Auflage als das formale Erscheinungsbild und der Inhalt[19]. Ein geringerer Preis, weniger Gefühlsansprache, eine starke lokale Orientierung außerhalb des eigentlichen Lokalteils[20] und die generelle Zeitungsgestaltung trugen zur Auflagensteigerung bei. Für die Entwicklung des WLK, der im Testzeitraum nur geringfügig abfiel[21], waren die Rahmenbedin-

---

[12] durchgehender Einsatz der Maßnahme in Prozent: Probebezug: 88; Leser-Werben-Leser-Aktionen: 86; Leserreisen: 73; Merchandising: 71

[13] für eine Wochentagausgabe von durchschnittlich 1.04 DM auf 1.30 DM und für eine Wochenendausgabe von 1.26 DM auf 1.59 DM

[14] von durchschnittlich 22.08 DM auf 28.12 DM

[15] Anteil der über 14-jährigen, die in der Zeitung überhaupt geblättert oder gelesen haben

[16] Angabe, wer die Zeitung „gestern" bzw. wie viele der letzten 12 Ausgaben davon jemand durchgeblättert oder gelesen hat

[17] z.B. Zeitungstyp, Geschlechteranteil, Wettbewerbssituation (z.B. Haushaltsabdeckung), Nettoeinkommen, Haushaltsausstattung, durchschnittliche Wohndauer, Freizeitbeschäftigungen, etc.

[18] Das Verfahren der multiplen Regression, siehe im Buch Seite 72ff

[19] Zeitungsgestaltung insgesamt: 13%, Inhalt insgesamt: 4%, Rahmenbedingungen insgesamt:: 15%

[20] z.B. lokale Beiträge oder ein lokales Inhaltsverzeichnis auf der Titelseite

[21] im Durchschnitt von 55.7% auf 54.0%

gungen und die Zeitungsgestaltung am meisten ausschlaggebend[22]. Welche einzelnen Maßnahmen für die Entwicklung maßgeblich war, konnte jedoch nicht ermittelt werden. Auf ähnliche Ergebnisse stieß der Autor und sein Team auf beim LpA[23], nur dass hier die lokale Orientierung außerhalb des Lokalteils mit 3% als statistisch erheblicher Einflussfaktor ermittelt wurde. Den Zeitungen gelang es im Untersuchungszeitraum, bereits gewonnene Leser stärker an sich zu binden (um 3%) – gemessen am LpA innerhalb des WLK - diese stärkere Bindung hing jedoch sehr viel mehr von den Rahmenbedingungen als vom Angebot ab[24].

In der Gruppe der Wettbewerbszeitungen (226 von 350 in der Stichprobe) veränderte sich die durchschnittliche Auflage im Untersuchungszeitraum praktisch nicht[25]. Allerdings waren zur Auflagensteigerung besonders viele Maßnahmen erfolgreich - die Gestaltung und der Inhalt überragten hier erstmals die Rahmenbedingungen[26]. Als besonders erfolgversprechend galten beispielsweise ein übersichtlicheres und lockereres Layout mit mehr Bildern auf der Titelseite, keine emotionalen Überschriften, Themenvielfalt und Nüchternheit. Für die Entwicklung des WLK (insgesamt minus 2.2%) waren vor allem die Zeitungsgestaltung und die Rahmenbedingungen entscheidend[27]. Hier konnte allerdings wie bei der Gesamtstichprobe kein einzelner Erfolgsfaktor bestimmt werden. Letzteres trifft auch für den LpA zu, bei dem das Erscheinungsbild jedoch wichtiger war als beim WLK[28]. Auch bei den Wettbewerbszeitungen vollzog sich eine um 3% stärkere Leserbindung, hier war vor allem die Gestaltung ausschlaggebend[29]. Zu den einzelnen Faktoren zählten hier eine geordnetere und großzügigere Darstellung.

Die Gewinnung der 14 – 29 jährigen Leser gilt als problematisch aber besonders wichtig. Der WLK nahm laut Schönbach bei dieser Gruppe um 3.5% ab[30]. Im Vergleich zur Gesamtbevölkerung fielen hier die Rahmenbedingungen stärker ins Gewicht, mit größerem Abstand gefolgt vom inhaltlichen Angebot[31]. Auch hier konnten jedoch keine einzelnen Erfolgsfaktoren ausgemacht werden. Der LpA in dieser Altersgruppe fiel im untersuchten Zeitraum von 37% auf 35%, hier spielten ebenfalls die Rahmenbedingungen die größte Rolle[32] und es konnten keine besonders sinnvollen Einzelkonzepte ausgesondert werden.

Bei den weniger Gebildeten[33] - einer weiteren Problemgruppe - sank der WLK von 1989 54.2% auf 1994 52.0%. Hier ragte als verkaufsfördernde Maßnahme vor allem die formale Gestaltung heraus (mehr Fotos und Grafiken, größere Überschriften)[34]. Ein möglichst breit gefächertes Themenangebot war bei dieser Gruppe ebenfalls verkaufsfördernd. Der in etwa gleichgebliebe-

---

[22] Zeitungsgestaltung: 13%, inhaltliches Angebot: 8%, Lesermarketing: 4%, Rahmenbedingungen: 21%
[23] Zeitungsgestaltung: 15%, inhaltliches Angebot: 9%, Lesermarketing: 3%, Rahmenbedingungen: 18%
[24] Zeitungsgestaltung: 7%, inhaltliches Angebot:: 4%, Lesermarketing: 3%, Rahmenbedingungen: 48%
[25] 1989: 24.400; 1994: 24.300
[26] Zeitungsgestaltung: 23%, inhaltliches Angebot: 20%, Lesermarketing: 6%, Rahmenbedingungen: 18%
[27] Zeitungsgestaltung: 16%, inhaltliches Angebot: 9%, Lesermarketing: 2%, Rahmenbedingungen: 20%
[28] Zeitungsgestaltung: 22%, inhaltliches Angebot: 12%, Lesermarketing: 4%, Rahmenbedingungen: 23%
[29] Zeitungsgestaltung: 14%, inhaltliches Angebot: 8%, Lesermarketing: 4%, Rahmenbedingungen: 53%
[30] 1989: 54.0%; 1994: 50.5%
[31] Zeitungsgestaltung: 14%, inhaltliches Angebot: 8%, Lesermarketing: 2%, Rahmenbedingungen: 28%
[32] Zeitungsgestaltung: 11%, inhaltliches Angebot: 9%, Lesermarketing: 3%, Rahmenbedingungen: 21%
[33] hier: Personen mit höchstens Hauptschulabschluss. In der Stichprobe 1989: 55%; 1994: 54% der Befragten
[34] Zeitungsgestaltung: 17%, inhaltliches Angebot: 9%, Lesermarketing: 5%, Rahmenbedingungen: 24%

ne LpA (ca. 44%) war in bezug auf diesem Teil der Stichprobe besonders empfänglich für formale und inhaltliche Maßnahmen[35], ebenso aber auch für Werbung. Als einzelne Erfolgsfaktoren schlugen z.b. ein dynamischeres Erscheinungsbild und ein Abonnement einzelner Werktage positiv zu Buche.

Insgesamt ist zu sagen, dass es für die Zeitungen kein simples Erfolgsrezept gibt, um Leser hinzuzugewinnen oder stärker an sich zu binden. Verschiedene Einzelmaßnahmen und Maßnahmenbündel wirkten sich unterschiedlich aus – nur selten gelang es Klaus Schönbach einen Einzelfaktor beispielsweise zur Steigerung des WLK zu ermitteln. Im gesamten Untersuchungszeitraum konnten die Zeitungen keinen überwältigenden Durchbruch erzielen – die Bevölkerung hielt starr am Lesen – oder Nichtlesen fest. Ein guter „Mix" aller Maßnahmen galt im großen und ganzen als produktiv. Ein „Facelifting" für das Layout, mehr Vielfalt im Themenangebot, Hintergrundinformationen, Erklärung und Service, genauso wie Unterhaltung wirkten sich positiv aus – ebenso eine stärkere Betonung des Lokalteils. „Infotainment" – also Einarbeitung von Emotionalität in die Information – war beim Leser eher nicht erwünscht, er erwartete offensichtlich mehr Seriosität von einer Tageszeitung. Die richtige formale Gestaltung war summa summarum der wichtigste Erfolgsfaktor, gefolgt vom inhaltlichen Angebot und zuletzt dem Lesermarketing – aber, wie schon oben schon erwähnt – die richtige Mischung aller drei Elemente war ausschlaggebend. Erfolgversprechende Komponenten von Konkurrenzmedien einzubauen, die Universalität, also Vielfalt auszubauen, die Übersichtlichkeit zu steigern und etwas mehr für das Auge zu bieten – das zahlte sich für die Zeitungen aus. Klaus Schönbachs Studie konnte also keine Wundermittel ausfindig machen, die die Zeitungen zum Erfolg führt, jedoch bringt seine Studie die Erkenntnis, dass durch beständige Weiterentwicklung der Zeitung - ohne Konkurrenzmedien zu imitieren - Erfolge zu erzielen sind und die Tageszeitung sich so ihren Platz zwischen den vielen anderen Medien sichern kann.

---

[35] Zeitungsgestaltung: 19%, inhaltliches Angebot: 12%, Lesermarketing: 6%, Rahmenbedingungen: 20%